ÉLOGES FUNÈBRES

DE

M.-J.-B. NIOCHE DE TOURNAY,

EMPLOYÉ A LA BANQUE DE FRANCE,

Auteur dramatique, Chansonnier, Membre de la Société Philotechnique, Officier dignitaire du Grand-Orient de France et du Grand Collége des Rites, Vénérable et Membre de la Loge chapitrale des Cœurs-Unis, Orient de Paris.

HOMMAGE DU FRÈRE BAILLEUL A LA LOGE DES CŒURS-UNIS.

PARIS,

IMPRIMERIE DE BACHELIER,

RUE DU JARDINET, 12.

1844.

NOTICE

sur

M.-J.-B. NIOCHE DE TOURNAY,

Par M. Bazot.

Les lettres et les arts, l'amitié et la Franche-Maçonnerie viennent de faire une nouvelle perte dans la personne de Mathieu-Jean-Baptiste Nioche de Tournay, auteur dramatique, Membre du *Caveau moderne*, Président d'honneur du nouveau *Caveau*, Membre de la Société Philotechnique, et, comme Maçon, ancien Président de la Chambre symbolique du Grand-Orient de France, Président titulaire du Grand Collége des Rites, ancien Vénérable et Membre de la Loge chapitrale des Cœurs-Unis, Membre d'honneur de la Loge chapitrale de la Bonne-Union, Orient de Paris.

Cette perte douloureuse a été vivement sentie par ses confrères contemporains dont les rangs s'éclaircissent chaque jour, par ses amis de tous les âges, et par les Francs-Maçons, ses frères. Tous ont donné des regrets et des larmes à celui qu'ils aimaient et dont ils étaient tant aimés, et tous lui conserveront un tendre et impérissable souvenir. Mais, quel sujet d'amertume pour ceux qui suivent une carrière libérale, de n'avoir pas vu les organes de la publicité daigner constater seulement, par une simple annonce, la mort d'un homme de lettres, d'un peintre qui a exposé au Salon, d'un musicien compositeur!

Mais si l'éclat de la publicité littéraire a fait défaut à de Tournay au moment suprême, il est une autre publicité qui a aussi son éclat et qui n'est pas moins ambitionnée, c'est la publicité maçonnique; elle s'étend dans toutes les parties du globe, et dès qu'un Maçon distingué vient à mourir, le Monde Maçon en est informé, un deuil général saisit le cœur des Frères, et ils payent un noble tribut à sa mémoire. Le nom de de Tournay brillera sur les deux hémisphères, parce qu'il était homme de bien, et que ses talents l'ont rendu digne d'être loué après sa mort.

L'amitié que le Frère Bailleul avait pour de Tournay l'a porté à réunir et à imprimer les *Éloges funèbres* prononcés sur la tombe de son Frère, et à en faire hommage à la Loge des Cœurs-Unis. Une *Notice* y a été jointe. Elle est d'un Maçon qui, également ami, confrère et Frère du défunt, a voulu mêler l'expression de ses sentiments à celle des Frères Dupaty et Jobert aîné.

De Tournay naquit au Mans (Sarthe) le 30 décembre 1773, d'une famille honorable, et mourut à Paris, le 7 février 1844. Il avait fait de très-bonnes études, et possédait, entre autres langues étrangères, la langue anglaise. Sa vie presque tout entière fut consacrée aux lettres et aux arts. Jeune encore, dans ce temps où le vaudeville créé par Lesage, Panard et Collé, reprenait naissance et précéda de si peu l'Empire, l'Empire, où il y avait parmi les disciples des Muses tant de mérite et tant de modestie, de Tournay était et resta modeste : diversifiant son travail, travaillant avec verve, il donnait ses ouvrages et laissait

à l'estime publique et à l'amitié de ses confrères le soin de
le dédommager de sa vie laborieuse.

Voyons-le auteur dramatique. Il a donné au théâtre
du Vaudeville, seul ou en société : les *Avant-Postes,*
ou l'*Armistice,* en un acte; *Trois contre Un,* en un acte;
l'*Abbé Pellegrin,* ou la *Manufacture de Vers :* ce vaudeville eut un grand succès et valut à l'auteur les éloges
du sévère Geoffroi du *Journal des Débats;* le *Congé,*
ou la *Fête du vieux Soldat* (avec Vial); *Point de bruit,*
ou le *Contrat simulé,* opéra-comique en deux actes, musique de Doche. Les airs détachés de cette pièce furent publiés
par Alexandre Piccini, avec accompagnement de piano;
elle eut plus de cinquante représentations à l'Opéra-Comique, sous l'administration de Gobert; *Marmontel,* vaudeville (avec Armand Gouffé); *Seringa,* ou la *Fleur des
Apothicaires,* vaudeville (avec Georges Duval); *Arlequin
tyran domestique,* vaudeville (avec Désaugiers et Francis);
Monsieur Vautour, vaudeville (avec Désaugiers); le *Vieux
Chasseur,* vaudeville en trois actes (avec Désaugiers et
Francis); *Monsieur Girafe,* ou la *Mort de l'Ours blanc,*
vaudeville (avec Désaugiers et Francis); la pièce parut
sous le pseudonyme de M. Bernard (de la rue aux Ours).

Musicien amateur, il a composé plusieurs *romances* et
nocturnes, paroles et musique.

Peintre, mais se qualifiant lui-même de peintre amateur, il a exposé au Musée du Louvre, *Énée et Didon* sor-
tant de la grotte après leur mariage, grand paysage histo-
rique; *Amphion* bâtissant les murs de Thèbes; quelques
portraits; enfin un *Chevalier partant pour la terre
sainte.*

Membre du *Caveau moderne,* il a laissé de ses chansons
dans presque tous les numéros du Recueil de cette société

lyrique, et n'a point oublié les recueils du nouveau *Caveau* dont les membres lui avaient déféré la présidence d'honneur.

De Tournay était né chansonnier ; mais nous laissons au Frère Emmanuel Dupaty, Membre de l'Académie française (1), le soin d'apprécier avec son esprit, sa grâce et sa sensibilité si remarquables, le mérite et les qualités de de Tournay comme chansonnier, comme bon confrère et bon ami. Nous laissons aussi au Frère Jobert aîné, Vénérable de la Loge des *Cœurs-Unis,* et Officier dignitaire du Grand-Orient, le soin de retracer la vie maçonnique de de Tournay. Ce que nous dirons à cet égard ne sera qu'un simple appendice :

De Tournay reçut la lumière maçonnique dans la Loge chapitrale de *Saint-Hubert,* Orient du Mans. Devenu Membre du Grand Collége des Rites établi dans le sein du Grand-Orient de France, il fut chargé par le Grand Collége d'examiner des documents importants qui venaient de lui être transmis par le Suprême Conseil des grands Inspecteurs généraux de New-York et de faire un rapport sur le mérite de cet envoi. De Tournay remplit sa mission et présenta, dans la séance du 25 avril 1829, un travail dont le Grand-Orient, sur la demande du Grand Collége des Rites, ordonna l'impression.

De Tournay fut Chancelier et deux fois Souverain Grand Commandeur du Grand Collége des Rites. Outre l'intérêt qu'il savait donner aux séances par ses *allocutions* aux nouveaux initiés, il a rendu un notable service en restituant pour le Grand Collége le grade de *Grand In-specteur-Inquisiteur,* 31ᵉ degré.

(*) M. Emmanuel Dupaty est Franc-Maçon. Il a été orateur de la Loge de *Saint-Joseph,* Orient de Paris ; son père, l'illustre président Dupaty, était Membre de la Loge des *Neuf-Sœurs,* même Orient.

Là nous terminerons cette *Notice*, dont nous ne nous dissimulons pas toute la faiblesse, parce que nous savons que celle que lui consacrera l'*Orateur* du Grand-Orient, dans la première commémoration funèbre des membres distingués de l'Ordre, sera à la fois digne du défunt et de l'illustre Corps dont il faisait partie.

1er Mai 1844.

ÉLOGE FUNÈBRE

PRONONCÉ

SUR LA TOMBE DE M. DE TOURNAY,

Par M. Dupaty,

Membre de l'Institut (Académie Française).

9 Février 1844.

Messieurs,

Après quarante années d'amitié fidèle, qu'il me soit permis de retracer quelques-unes des nobles et douces qualités de l'ami que nous venons de perdre.

A la suite des guerres vendéennes qui portèrent leurs ravages jusque dans la ville du Mans où il était né, il fut obligé de se retirer à Paris; il y apporta le goût des lettres qu'une excellente éducation avait développé dans son esprit doux et gracieux.

Jeune encore, il donna quelques pièces de théâtre recommandables par l'esprit; mais il se livra bientôt presque exclusivement à l'art piquant de la chanson, qui suffisait alors pour donner une réputation assez étendue à ceux qui le cultivaient avec succès.

On n'oubliera jamais les noms de Panard, de Collé et de Laujon dont il fut un des successeurs, et des plus heureux héritiers; il partagea la vogue de Piis, d'Armand Gouffé, de Ségur, de Barré, de Brazier, du spirituel et excellent Désaugiers, et du poétique Béranger, qui furent ses contemporains et ses amis.

Le goût, la gaieté, l'originalité, l'élégance, l'épigramme sans fiel, une douce nuance de sentiment et de philosophie, une candeur naïve et l'heureux choix de l'expression, étaient les qualités habituelles de son talent; il en eut une bien rare: chansonnier malin et enjoué, jamais il ne sortit de sa plume un mot qui pût blesser personne. La bonté de son cœur le préserva des écarts de la satire, et l'honnêteté n'eut point à rougir de ses chansons les plus gaies. Nous avons souvent remarqué, nous ses amis et ses émules, qu'il avait des éloges pour tous, excepté pour lui-même; il s'effaçait devant ses rivaux, et les jeunes gens n'oublieront pas combien il était, pour ainsi dire, orgueilleux de leurs succès. Sa droiture, sa bienveillance continuelle et la sûreté de son commerce agréable et facile lui avaient fait des amis de tous ceux qui le connaissaient; il était chéri et recherché de la société et donnait un air de fête à toutes les réunions où il était appelé.

La poésie n'occupait pas seule tous ses loisirs; il cultivait aussi la peinture et la musique avec succès, et les compagnons de son long voyage ont remarqué que le désir de plaire plus que celui de briller se montrait dans tout ce qu'il faisait. Modeste dans ses écrits, il l'était encore plus dans sa bienfaisance toujours active, discrète et cachée.

C'est ainsi qu'il passa sa vie entre les arts et l'amitié, entre le bonheur d'aimer et le bonheur d'être aimé. Avec un caractère si parfait, son existence devait être exempte d'orages, il n'eut de chagrins que ceux de ses amis, et ne leur en a donné qu'un qui vous est assez révélé par nos larmes. Il avait à la Banque de France un emploi qu'il remplissait avec une scrupuleuse exactitude; sa probité était si grande, qu'il envoya sa démission dès les premiers jours de sa maladie; mais l'homme éminent, généreux et spirituel qui gouverne la Banque, vint le trouver; il lui annonça qu'on ne se séparerait jamais de lui, et qu'il aurait autant de congés qu'il en désirerait. En me racontant ce trait de bonté dont la grâce la plus affectueuse avait augmenté le prix, il ajouta : *Je persisterai, je ne voudrais pas recevoir ce que je n'aurais pas gagné, je serai encore assez riche pour donner, et d'ailleurs je vais prendre un congé plus long que tous ceux qu'on pourrait m'accorder.* Cependant il ne voulait pas s'arrêter à l'idée du danger qui le menaçait; la veille de sa mort, il me parlait encore du plaisir qu'il aurait à remercier tous ceux qui lui avaient prodigué des marques d'intérêt. Enfin l'heure fatale arriva; c'est alors qu'il dit avec la sérénité d'une âme pure : *J'ai fait un peu de bien, et je n'ai fait aucun mal.* C'était l'histoire de toute sa vie. La justice qu'il se rendait, nous qui le connaissions, nous la lui rendons tous, et Dieu dans sa miséricorde la lui rendra aussi, je l'espère. En expirant, il demandait vivement un de ses amis qui sentait encore battre son noble cœur, quand son âme était déjà dans le ciel, où la bonté divine lui sera douce, parce qu'il fut doux et bon sur la terre,

ÉLOGE FUNÈBRE MAÇONNIQUE

DU FRÈRE DE TOURNAY,

Par le Frère Jobert aîné,

Vénérable de la Respectable Loge des Cœurs-Unis, Orient de Paris, et Membre du
Grand-Orient de France.

9 Février 1844.

Maçons mes Frères, décorons-nous de nos ornements
allégoriques, et tous ensemble rendons les derniers hon-
neurs à notre bon Frère de Tournay, qui vient de quitter
l'Orient de la vie.

La mort étend chaque jour ses ravages; elle frappe im-
pitoyablement tout ce qui nous est cher; pour elle rien
n'est sacré; la jeunesse et l'âge mûr, elle ne respecte rien.
Elle emporte celui qui ne laisse ni souvenirs ni regrets,
comme celui dont les amis suivent avec recueillement les
restes d'homme de bien.

Une voix amie (1) a fait entendre de nobles accents; ses
paroles éloquentes ont fait vibrer nos cœurs d'une profonde
émotion.

Elle nous a dit qu'il fut l'ami intime des Désaugiers, des

(1) M. Dupaty.

Bouilly, dont le nom seul nous cause une joie si vive; des Nodier, descendu il y a peu de jours dans la tombe; des Béranger, le poëte national; des Dupaty, des Berville, des Pinet et de tant d'autres noms célèbres.

Elle nous a fait assister aux triomphes de notre Frère, quel que soit le genre qu'il voulût embrasser: le Vaudeville, l'Opéra-Comique répétèrent longtemps ses charmantes productions.

La littérature, la musique, la peinture, la poésie occupaient ses loisirs.

Le Musée accueillit les créations de son pinceau.

Ses aimables chansons ont plus d'une fois rempli nos cœurs d'un plaisir doux et vivement senti.

Il y a presque de la témérité à moi d'entrer dans la lice où des hommes d'un talent supérieur nous ont retracé avec bonheur et vérité la vie toute de probité de l'ami que nous avons perdu; et pourtant, en mon nom de Vénérable de la Respectable Loge des Cœurs-Unis, dont le Frère de Tournay était l'un des membres les plus distingués, et son collègue au Grand-Orient de France, je dois, moi aussi, lui payer mon tribut de regrets. Mais pour ne pas diminuer l'impression qu'a produite sur vous la voix que vous venez d'entendre, je me contenterai d'esquisser ici à grands traits la vie maçonnique de notre ami.

Le Frère Mathieu-Jean-Baptiste Nioche de Tournay fut affilié le 15 avril 1826 à la Respectable Loge des Cœurs-Unis, Orient de Paris.

Ses connaissances étendues et variées, la droiture et l'aménité de son caractère le firent bientôt remarquer; la bonté de son cœur lui gagna les sympathies de ses Frères, qui lui confièrent tour à tour les fonctions les plus élevées de l'Atelier, fonctions qu'il sut toujours remplir avec une égale distinction.

Dans le chapitre des Cœurs-Unis, il occupa les mêmes dignités, et là aussi du haut de la tribune du temple il a souvent laissé tomber d'énergiques et utiles enseignements.

Dans nos fêtes, sa verve lui inspirait des cantiques dont les Cœurs-Unis retiendront toujours la douce et gracieuse poésie.

Quand il descendit du vénéralat, il fit hommage à l'Atelier d'une bannière richement brodée que nous conserverons comme un dépôt précieux.

S'il prit de préférence les grades philosophiques dans le Conseil des Trinosophes, c'est qu'il y retrouvait les Frères Jobert père, Baratin, Clausse, ses amis des Cœurs-Unis; c'est qu'il était présidé par le respectable Frère Des Étangs père, Maçon d'un mérite reconnu; c'est qu'enfin ce Conseil possédait les Mérilhou, les Barthe, les Dupin, dont les noms furent longtemps populaires.

Le 2 décembre 1828, il fut élu officier du Grand-Orient de France, et le 30 du même mois, il recevait dans le sein du Grand Collége des Rites, les plus hauts degrés de la Maçonnerie.

Au Grand-Orient de France, ainsi que dans les Ateliers dont il faisait partie, il déployait la même activité; il contribua, pour sa large part, aux heureuses améliorations qui furent adoptées.

Nos Caisses hospitalières connaissaient sa générosité; plus d'un Maçon malheureux fut en secret secouru par ses soins.

La Chambre symbolique l'avait choisi pour son Président, et le Grand Collége des Rites l'éleva deux fois à la même dignité.

Il comptait quinze années de travaux continus comme officier du Grand-Orient : malgré son âge avancé, il ne retira pas ses lettres d'honoraires ; il assistait régulièrement aux séances du Grand-Orient et des Ateliers dont il était un des plus fervents adeptes.

En décembre dernier, moins de deux mois avant sa mort, le Frère de Tournay initiait au dernier degré de l'Échelle maçonnique le Frère Meyerbeer, le grand compositeur dont l'Europe entière sait le nom.

Nos Loges voulaient-elles récompenser des vertus domestiques, de généreux dévouements, ou payer un élogieux tribut au succès de l'enseignement libéral, le Frère de Tournay trouvait des inspirations qui entraînaient.

En 1830, quand la Maçonnerie célébrait avec une pompe magique, dans l'une des salles de l'Hôtel-de-Ville, le triomphe de nos libertés, c'est encore notre Frère, le poëte favori de la Maçonnerie, qui chantait nos gloires civiques.

Partout où il y avait une bonne œuvre à remplir, des abus à combattre, des vertus à louer, on était sûr de trouver au premier rang l'excellent Frère de Tournay.

Déjà, mes Respectables Frères, j'ai trop abusé de votre attention ; mais pardonnez si je ne puis résister au besoin de vous faire connaître mieux notre ami.

Si je voulais soulever le voile qui recouvre tant de probité et de modestie, ma tâche serait facile et douce à remplir ; je dois vous peindre seulement la carrière maçonnique de notre Frère : je ne vous dirai donc, en terminant, que les dernières actions de celui que nous ne reverrons plus sur cette terre.

Quand notre Frère comprit que son mal pouvait le retenir loin des occupations qu'il remplissait à la Banque de France, où il avait une place honorable, il envoya aussitôt sa démission et demanda à faire valoir ses droits à la retraite.

Monsieur le Comte d'Argout, Gouverneur de la Banque de France, vint lui-même à deux reprises différentes chez notre malade; il le rassura, le consola, lui fit espérer son prochain rétablissement, et lui dit ces affectueuses paroles : *Ce n'est pas après avoir passé* quarante-deux ans *ensemble que l'on peut se séparer; vous ne nous quitterez plus; nous n'acceptons pas votre démission : revenez à la santé aussitôt que possible, demandez des congés; mais votre retraite, c'est impossible.*

Le Frère de Tournay fut profondément touché d'une semblable démarche, et des encouragements qu'il recevait; mais sa résolution n'était pas changée, car quinze. jours avant sa mort, il me disait : *Vous comprenez, mon cher Jobert, je ne puis pas toucher des appointements que je ne gagnerais pas.*

Ce trait honore à la fois Monsieur le Comte d'Argout, la Banque de France et notre digne Frère.

Jusqu'à son dernier moment Monsieur le Gouverneur et les principaux Chefs de la Banque de France firent prendre de ses nouvelles.

Désaugiers, en mourant, lui recommanda son domestique, homme intelligent et sûr; le Frère de Tournay le prit à son service, et dans les dispositions qu'il fit peu d'instants avant son moment suprême, il n'oublia pas dans ses libéralités le serviteur honnête qui s'était dévoué à sa personne (1).

---

(1) Dans son testament il fit un legs de *vingt mille francs* au Frère Guillaume, son domestique, qui, sur la présentation du Frère de Tournay, avait été initié dans l'Atelier des Cœurs-Unis.

Il fit don au Mans, sa ville natale, de sa galerie de tableaux, dont plusieurs sont d'un grand prix.

Avant de me séparer de toi, mon bon Frère de Tournay, reçois les témoignages de ma sincère reconnaissance.

Si à mon début au Grand-Orient de France, j'ai été entouré de l'estime et de l'affection de ses Membres, c'est que ta bienveillance pour moi avait disposé les Maçons en ma faveur.

Ils sont unis par l'honneur et l'amitié, telle est la devise des Cœurs-Unis; tu la répétais souvent, tu te plaisais à la mettre en pratique, tu y restas fidèle durant les *dix-huit années* que tu passas avec nous.

Reçois nos tristes adieux, Frère de Tournay; puisses-tu, dans un monde que nous rêvons tous, recevoir la récompense des bienfaits que tu te plaisais à répandre dans celui-ci !

9 782014 057386